Escrúpulo del minutero

VÍCTOR ORTIZ PARTIDA

sc

Secretaría de Cultura de Jalisco

Primera edición, 1994

D.R. © Secretaría de Cultura de Jalisco
Jesús García 720
44260 Guadalajara, Jalisco, México
ISBN 970-624-058-6

Colección a cargo de Jorge Esquinca,
Miguel Ángel Hernández Rubio y Carmen Villoro

Diseño: Postof

Impreso y hecho en México
Printed and made in Mexico

A mis padres

Canto es el rayo que se dice

El silencio es escondite de los ritmos. Si ocultaras el sol color sería tesoro en la alborada.

Antes, en la pura membrana del lenguaje, dos o tres palabras. La alegría se vuelve joya en las inmediaciones del decir —tenue voz contra el sol. Mejor disponer de un vuelo, la claridad y sus imágenes.

Es este el camino. La misma lengua será ofrenda, nido en la luz, luz en la maravilla barrosa de la veta. Habitado el arco, un nudo atará sus bondades. Que el pabellón del sol acepte frondas, que el viento sólo arrecie con la sílaba.

Vértigo la alta voz, brasa de un supremo pensamiento. Inminente es el cantar, se elevan ramas famosas por su abismo.

Canto es el rayo que se dice. Reloj a la deriva el silencio.

9

Primera vía

III

El halcón se inmoviliza en la mirada del
    condenado,
apegado está a su memoria turbia
—aunque en su interior el ánima del vuelo se
    deslice,
cobre altura,
planee,
incluso más se eleve:
revalorice la gracia plena de extenderse en el
    aire.

II

El movimiento es el reloj fantástico de las
    cadencias:
recreación de las espigas de trigo
en los arcos de los violines en concierto,
incrustación rítmica
en los cuellos de las jirafas que se van.

I

La llama fija,
inmóvil pero siempre viva.
Gracias a ti la ola verde renovada,
el resplandor tembloroso de las parcelas,
la velocidad del torbellino desalmado.

Tea

Maravilla de la encrucijada
   Olivo de la bahía
   Consejera en la exclamación de las olas
en la interrogación de la creciente
   Pared más blanca
luminosa experta
sublevas con la soga de tu atracción
la idea más descarnada
   Música de aroma en cada nota
concierto audible
en el temblor cristalino de toda arena
   Última imagen de los amparados
tu verbo conmueve hasta las lágrimas
llegadas para guiar
enviadas de tu sonrisa
   Increíblemente existes
no te medra el vértigo del halcón
ni el soplo norte
que anuncia cambio de eje
   ¿Eres cruel en tu verdad
sangre de los acusados?

¿Partirás ahora
hacia muros más firmes?
   Desvalido barro te seguiremos

Armonía de anunciación
Piel de nuestra ausencia

Orientaciones

1

En el margen claro del fuego se forja astillas una lengua —piedra que explota, aerolito incendiando, ánima.

Su entrecejo de carbón en punto entretiene la desconfianza de los seres elementales de la floresta. Se disfraza de rosa sedienta. El olor atractivo prende pubis en la espesura, los maderables disfrutan su ascenso por los troncos, las frondas comparten hasta el último aliento.

Toda arboleda por calcinar vive en la esperanza de su vuelo.

2

Canta una reciente historia de bosque, fuego.

Punto cardinal te desdoblas, eres el sur del cantar. Nos habitas desde siempre, desbordante ojo energético, abrevadero del risco marital, columpio dulce del obsceno trasiego.

Cohabita ahora con la ninfa única del jardín vespertino y aléjate. Un día desandarás tu paso y descubrirás tu obra.

Brilla, infante purificador, desvirgador perpetuo. Tu margen claro hace abismos, la velocidad habita el centro atroz de tu ánima.

Relumbra, devasta. Mi virtud de cazador trastocado no depende de tu arrepentimiento.

3

Increíble que el hielo sea perfecto deslinde del fuego.

Cazador ante el espejo, su imagen invertida es presa a la mano. Ante tal facilidad ¿lamentarse? Descansar, tomar fuerzas, hacerse el loco, es minar poderío.

Increíble que el fuego sea perfecto deslinde del hielo.

Las divisas del viento

Las divisas del viento,
la cuerda tensa en el momento del brazo.
¿A dónde la saeta?

Recorrido interior,
la brisa interna,
acaso premeditada humedad:
"De agua fueron sus poderes,
la tormenta obedecía leal
cada latido del verano.
Atrajo al mar,
lentamente hasta él llegaba.
Amarlo no sería sólo sospecha".

Las divisas del viento,
la cuerda tensa
y el sonido del arpa
hacia las olas.

¿A dónde la saeta?

Instrucciones

1

Encuentras la trampa al reino de la arena
donde el cristal suelta el silbo
y es un sueño irrepetible del halcón.

Las nubes son alianza entre las rocas,
remolino salobre cuando llueve,
látigo para las pieles jóvenes.

Inversión salina del rasgo virginal:
"Sólo conozco sus ojos,
de tanto verlos se olvidaron de mí".
Fiel a su Manto,
la paseante da a entender una sonrisa
—mordedura, reflejo albo,
ánima del papel vacío.

Ante la magia del contorno
aíslas el espectro.
Jalas su hilo en busca de un camino recuperable.

Bajo cada guarida un túnel grabado,
en cada balcón una llave recargada a la espera.

Recreación de la paciencia,
inflama un párpado su gozo reclamado.
Se vislumbra el ojo,
saeta en este corredor de amparados.
"No siempre estamos aquí los que soñamos.
En la otra orilla del ensueño
algunos fundan ciudades
para un despertar más amplio".

¿Cómo aproximar esa orilla ?

2

No es sólo trasladarse,
todo debe reconstruirse bajo la cúpula
de la transfiguración.
Piedra a piedra,
reconocido el mito,
se afianzará el soporte.
Tenemos dos manos
y memoria para la ciudad nueva.

(Sueño encerrado en una ampolleta,
¿donde el venero?)

Construir no es superar el derrumbe,
olvidar el fabuloso reino de la arena
y sus ojos.

Este fundar es alquimia de resurrecciones.
Brillan,
parecen nuevos los goznes.

Las puertas ofrecen abismos relucientes
—pronto famosos.

"Recuperad, recuperad",
parecen decir (lo dicen oidor falso)
los ancianos de laberintos y espejos.
¿Qué hacer con sus ángulos, vueltas, ilusiones
        ópticas?
Es el temblor más escabroso su sabiduría.
(Al tiempo que duermen llena la página).

3

Necesario el encanto en los muros
para habitar el sopor.

Calcinar la plaza del reino
es religión cómoda para fundadores.
Pero ánimo insurrectos.

Palabras de aliento
escritas en las alas del halcón
fiel a los condenados en sueños.

Llega el derrumbe,
el reino de arena no se sustenta más
ni en la sombra de un abrazo a la almohada.
Pero desamarra el lazo y vuela,
sigue al halcón.

"Cualquier hora es buena a la hora de
        despertar",
descubrirás la clave en el chirrido del papel a
        contraluz.
Todo viaje al final tiene una puerta que se abre.

La sal de la ausencia

Pardo el cansancio de los pescadores
—la sal del regreso.

*

Las barcas descansan la fuerza de su veta,
se abandonan al parpadeo de la marea.

*

El mar insiste en su desprendimiento
ante la transparencia de una nueva mirada,
murmura nuestra suerte.

Direcciones

1

Fantasía de usurero para este deslinde. Porque toda ambición es necesaria para fundar una ciudad.

Tundra, selva será el terreno, desierto será la estepa que fue bosque, mar ante el borde callado del hielo.

Para el sabio en geografías semillero encendido es toda carta por extender. Viaje esencial desplazarse por su rostro, ceño lunar, comisura a la espera del ánima que supone es sonreír.

Quien viaja por un mapa reconoce luego la sabiduría del índice.

Dársena inaugurada la pasión por una nueva ruta.

2

Ya sueña la lucidez de los muros. Nunca a pan y agua las flores brotan, se extienden las lilas. No cae la noche, la luna apuntala el asta comedida del deseo. Salmodia sutil la que solo oye bajo el entrecejo de su afición salina cuando llueve.

Escampa; los muros absorben, alimentan su coral interno. Las flores entretejen un son decadente que no turba.

Cada onda del mar en calma es halcón en vuelo atento a la voz del Amo.

3

Una bahía para este girasol. Indica el camino un maestro trasegado —revoltura de piélago su cabellera, nave que se desliza hacia el remolino del pensamiento creador su mano.

Dispersa la espera, dirige los pasos. Un **faro recién** imaginado guía la jactancia que **antecede** a todo esfuerzo por remontar.

El agua comienza por aprisionar su esfera ante el vislumbre del puerto, recelo de lo que será la coyuntura maligna del cemento.

Dos pasos a tus labios

Dos pasos a tus labios
¿y todos los escollos?

A varios metros tu rostro
¿y la invariable melancolía?

Un gran espacio entre tu cuerpo
y la armonía conciliatoria
que siempre has procurado
sea mi voz.

Distancia insalvable
cuando dos desaparecen
para luego aparecer
—feria de instantes—
en la piel más rica
del suspiro
que desborda la calma.

El ruido desandaría su ruido

El ruido desandaría su ruido
para encontrar tu risa:
Soporte del oidor
—fino motorista
comparte su gozo.

Aunque el placer
—y en este caso
no serían olas enormes—
no se cumple aquí.

El mismo ruido
desandaría su estruendo
para escuchar tu risa.
Tormentón que se une
lubrica la piel del pecho.

Es aquí
donde el gozo
se cumple,
patente,

¿y los labios vinieron
a dormir a esta tierra?,
luego resurrección, (reverdece),
alcance,
patente,
pero sobre todo madera,
tótem,
escrúpulo.

Despliegas
las peligrosas membranas
de tu atracción

Planeas en cada latido del ánima
la revelación del deseo.

Cuando arrecia la vida
revolucionas lamentos de placer
montada en el rayo velocísimo.

Tu paso de dominio de estructuras
aturde a las esferas más finas.

No resistes la tentación de un torbellino
durante el vuelo inútil del rayo que cesa.

Cabes bella e insomne
en el futuro funerario
del acordeón y el violín:

planeaste
en cada latido del ánima
la revelación del deseo.

La sabiduría del eco

Jamás volver, siempre regresar.

La casa de los giros

...nadie saldrá sin llagas de este incendio.
FRANCISCO HERNÁNDEZ

Descubrimos la casa de los giros
el día del alarido.

En nuestra piel
se instalan las esferas:
burbujas de aluminio
en otro asfalto.
Las horas se derraman
por sus curvas.

El tictac sobrevuela
pasillos sin salida.
Su eco es abrasado
por la sombra.

Descubrimos
la casa que arde
sola en el instante:
Tea plantada
en medio de la fuerza.

Alba, mediodía
y puesta de sol
tejidos de su nombre.
La señal
en torno de su esfera.

El péndulo que va
de llama en llama
instaura rapidez
en su tardanza.

Membranas irreales
tiende el tiempo
en la catástrofe

Contornos

En la terraza exacta de tu clemencia
cabe la nostalgia inmóvil
del barrio que perece.

Palmas ineficaces nacen de tus manos:
el último posible verde
en un ángulo futuro.

Ciudad,

palpa ahora tus contornos
luz que asciende en desvarío.
Moja tu rostro,
enciende párpados,
felicita el vaivén
más lento de la premura.

La pesadumbre escurre
por las aceras de tu memoria:

el barrio no despierta contigo.

Batalla

La gota amable de la resurrección
no cayó con la lluvia del olvido.

Tu cuerpo en el extremo

Transparente el despertar,
puerta futura,
columna ideal apuntala tu sueño.

Campos hacen la atmósfera
(y en realidad *sólo* es eso):

escalinata en un campo de trigo,
magueyes, hierro,
el principio nunca fue la herrumbre,
los goznes destellaron,
resguardo lúdico, cuerpos,
"y tenemos la paciencia de los Andes",
pero nunca expresaron la noche,
esferas de madera en su verdadero deslinde,

    (en el borde tu rasgo matinal,
               tu rango manantial,
    estatua de los escalones,
    quizá lo entendiste,
    despiertas y es esta tu angustia),

aros de luz,
escarcha en el campo,
saeta verde,

Lagunabel, olas,
bifurcación en aguas perennes,
motorización, ruido analgésico,

    (que no,
     que sí lo entiendas),

desvarío, espuma, rompeolas,
la herrumbre,

    (por fin tu cuerpo en el extremo tan solo).

El desierto *es*

*Tanta es la piedra que habrá costado
al desierto su inocencia.*
GUY DAVENPORT

El desierto *es*. Pronto se levantará ayudado por sus piedras y sus vientos. Con cuerpo de arenisca invadirá el resto de la tierra feliz.

Se ha pensado siempre en un mar de arena. Desde el día de la invasión se tendrá que pensar en un mundo de arena.

El desierto es también lo que será.

Lloverá arena hacia el cielo, expropiará el espacio, un nuevo deslinde se vislumbra necesario.

Gotas de cristal de diferentes sonoridades harán mares. La noche ya no será el invierno del desierto. El simún será un sueño de la nueva bestia surgida de la marea cristalina. De su evolución se rescatará una sinfonía.

Por el momento podemos ilusionarnos con las fantásticas formas y el nuevo lenguaje. La procreación es quebradero para eruditos.

El desierto *es* gracias a nuestras faltas, pero principalmente por la cordura de su avance desde el margen.

La ausencia
derramada del color

La verdad yace en los matices
ANATOLE FRANCE

El matiz se aflige en el confín de la tarde.

Preguntas entonces
si el color
abandona la arista de su esencia
en el temblor pétreo de la sombra.

    (Magistrales responderíamos
    si el agua no maleara
    la percepción del muro:
    escurre,
    el manchón adquiere
    viscosidad de mujerzuela
        o de roca del milagro
    —todos recargamos
    los dedos esperanzados)

Lo cierto es que el matiz
agoniza en el confín de la tarde.

No así el pincel contra el lienzo,
la tenebra al acecho del muro,
la porfía en tu paciente calidoscopio.

¿Será la ausencia derramada del color?

Nueva espera del sol

Nombrar,
querer ajustar cuentas
de nuevo en la luz
y el sol que no llega.
Inédito es aún
en la sábana del párpado
hacia la alborada.

Terrible espera
la de los primeros objetos.
a más altura
—bestezuelas irrecuperables agitan alas—
más mortificación.

El tintineo de la campana
se solidifica en el sueño
y es el canto
de este sacrificio esperanzado
—piedra fundamental de la tenebra.

Nueva espera del sol.
Atención escrupulosa
en el frío a todo pecho:
"ocho pulgadas de nieve en el terreno"

(Maldita la noticia
en un trópico realizado
donde los plátanos maduran
siendo la extensión más viva
de Febo y su esplendor).

Comentario

"La ofrenda no era necesaria,
mi paso grabado en la acera no descansará.
Sólo valía el eterno fluir de tu mirada
—contorno asible de mi remordimiento.

Ánima asidua.
Sin descanso recorrí el reino más caminado.
Las paredes interiores me recordarán.

Malgastados mis dones
—ineficaz proeza—
no quedan sufrimiento ni esperanza.
Regreso, llego, permanezco
como quien nunca fue.

Sin vacilación sobrevivo
limado por el agua,
          por el fuego,
acorralado por las palabras del terreno".

Otros tomaron la palabra

Otros tomaron la palabra
—escurridiza península
en un continente de oratoria.

El mentiroso acento del podio
se ahogó en su propia sangre.

Tanto tiempo rodó entonces la palabra
por olas de murmullo,
por la alborada de las puertas,
por el trasiego del bosque.

Fueron alucinantes sus tropiezos.
Curtida regresó a nuestro pulso.

La consentimos en el presente,
recreamos nuestra esperanza
en su entrecejo de mala vida.

"Que la imagen electrónica
sea una virtud más de tu destreza",
le rogamos.

Escrúpulo del minutero

El tiempo del augur
se mide en reflejos de ámbar.
¿Cómo mensurar su prodigio?

Escrúpulo del minutero
riega la sal de este acertijo.

*

Así fue a un tiempo
roca y cárdena pieza
del tablero natural.

Impensable era la luna
contra la certeza
de una encrucijada.

*

A cierta hora
no tendremos
más que miradas
flotando en las rodillas.
Los ojos habrán desaparecido.

Alquimia de las gotas,
amplitud es todo lo inexplicable.
Las ramas del camino arden,
fogata de un gozoso desencuentro.

ÍNDICE

Carlos Rivera Aceves
Gobernador de Jalisco

José Luis Leal Sanabria
Secretario General de Gobierno

Juan Francisco González Rodríguez
Secretario de Cultura

Juan José Doñán
Director de Publicaciones

Escrúpulo del minutero,
de Víctor Ortiz Partida,

se terminó de imprimir en los talleres
de la Unidad Editorial
en julio de 1994.

En su elaboración se emplearon
tipos Gatineau de 8, 12 y 18 puntos.
Se tiraron 1 000 ejemplares.
Captura de textos, tipografía y diagramación: Grafisma.
Cuidaron la edición:
Luis Vicente de Aguinaga, Mónica Nepote y el autor.